MAX CLAUDET

PERRAUD

MEMBRE DE L'INSTITUT

> Les artistes sont en général d'excellentes natures, dévouées, faciles à émouvoir, mais ne sachant rien faire dans la vie pratique.
>
> PERRAUD.

LONS-LE-SAUNIER,

IMPRIMERIE ET LITHOGRAPHIE DE VICTOR DAMELET

1876.

PERRAUD

MEMBRE DE L'INSTITUT

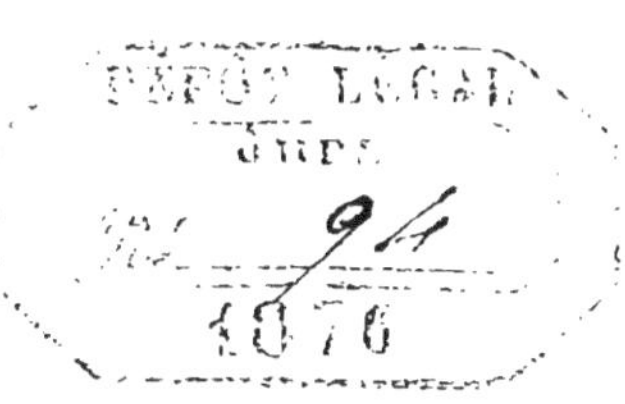

MAX CLAUDET

PERRAUD

MEMBRE DE L'INSTITUT

> Les artistes sont en général d'excellentes natures, dévouées, faciles à émouvoir, mais ne sachant rien faire dans la vie pratique.
>
> PERRAUD.

LONS-LE-SAUNIER,

IMPRIMERIE ET LITHOGRAPHIE DE VICTOR DAMELET

1876.

JOSEPH PERRAUD

Si j'entreprends cette Biographie de Perraud, c'est que, pendant quinze ans j'ai été avec lui en relations continuelles d'amitié, et que je pourrai peut-être intéresser les jurassiens en leur racontant la vie intime de cet homme de cœur et de talent. On voudra bien me pardonner la forme peu littéraire de ces pages pour n'en prendre que le côté inédit et nouveau.

Joseph Perraud est né à Monay (Jura) le 26 avril 1819.

Je ne saurais mieux commencer, pour faire connaître ses premières années, qu'en transcrivant le passage d'une lettre qu'il m'écrivait le 26 janvier 1868.

« ....J'ai été, relativement à mon
« entourage, une intelligence précoce. J'en
« juge encore aujourd'hui par comparaison
« des enfants que je vois autour de moi.
« Mais vous ne sauriez jamais vous imaginer
« ce que c'est que de vivre dans une atmos-
« phère où il n'y a rien de vivifiant, pas

« un atôme qui peut réveiller la moindre « intelligence, pas un autre livre que les « heures paroissiales en latin, que per- « sonne n'entend, et pour conversation, « cette inquiétude incessante de trouver « le moyen de se procurer le pain de la « veille pour le lendemain. Etre toujours « au vent froid ou chaud, sec ou humide, « chargé souvent comme des ânes ; l'ima- « gination ne va pas plus loin que le but « où l'on versera sa hotte. Combien j'ai « envié le sort des collégiens de Poligny, « qui passaient près de moi en bandes dans « leur promenade ! Avec quelle ardeur je « courais sur la route, pendant que mes « bêtes étaient dans les blés, pour voir « passer des dragons et entendre un coup « de trompette, ce qui me valait un procès- « verbal en rentrant, par le garde cham- « pêtre, — une roulée par tous les membres « de la famille par dessus. Si l'on m'a- « vait pris pour être curé, j'aurais été en- « chanté ; médecin ou autre chose, je ne « portais pas mes vues si haut. Enfin, « comme nous sommes dans un siècle de « progrès, un nouveau maître d'école eut « l'idée d'ajouter aux heures paroissiales, « des petits livres où il y avait 25 mé- « tiers dont le nom commençait par une « des lettres de l'alphabet, avec une plan- « che en regard, représentant l'artisan à « l'œuvre. Pour moi qui distrayais la classe « par des *mounins* de ma façon, ce fut une « révélation. Ce livre venait de chez Pru- « dhon, libraire à Dole ; j'imaginais que c'é-

« tait là que ça se faisait, j'étais anxieux d'y « aller et de demander si l'on voulait me « prendre pour apprenti (Naïf!). Quelques-« uns disaient à mon père de me faire « peintre. « Oui, disait-il, ça lui irait bien; « il est déjà assez gueux. » Enfin, tout « cela se passa en conversation et ce fut « tout, naturellement. Un capitaine d'Ar-« bois, marié à Monay, trouvant que les « paysans n'apportaient pas tous les soins « requis pour soigner la vigne, prit un « domestique qui était à la ferme d'Arèle. « Il était natif de St-Thiébaud, frère de « second lit avec la femme du père Auver-« nois ; son plus jeune frère y était déjà « en apprentissage. Ce domestique vint « faire sa cour à ma sœur, et au bout de « peu de temps l'épousa Le jeune frère « apprenti vint à la noce à Monay, me « parla de ce qu'il faisait, et je n'eus plus « de cesse que de le rejoindre, si le père « Auvernois le voulait bien. J'eus une « peine infinie à obtenir que mon père me « laissât partir ; il y consentit à la fin, « mais il n'en augurait rien de bon. Il se « doutait si peu de ce que cela pouvait « être que, lorsqu'on lui demandait quel « état j'étais allé apprendre à Salins : — « *ébénistre* — répondait il Il y en a beau-« coup qui croient encore que je suis *ébé-« nistre*. Je vous ai dit jusqu'à quel point « on peut rester dans les limbes de l'igno-« rance, même avec de l'esprit naturel. « Mon père, qui en avait et qui était venu « me voir à Salins, où nous avions causé

« de mon départ de Lyon pour Paris, et « des espérances lointaines que je nourrissais en moi, eh bien ! je m'en souviendrai toujours. il m'écrivit à Paris au « bout de deux ou trois ans que j'y étais, au « moment où je me morfondais de travail « et d'inquiétude, où je faisais des efforts « surnaturels pour dégager la lumière du « chaos, où enfin j'avais l'œil fixé sur l'a-« venir si rempli de chances terrifiantes, « il m'écrivait, dis-je, que si j'allais à Rouen « ou à Bordeaux pour faire mon tour de « France, que je veuille bien lui envoyer « les pantalons que j'avais de trop ! moi « qui remettais par économie trois pièces « au fond les unes sur les autres. »

Enfin, un beau jour, on fit le paquet de Joseph âgé de 16 ans (1833). L'enfant partit à pied, portant une paire de souliers neufs à la main, pour ne pas les user. Arrivé à la porte de Salins, il les chausse et entre chez le père Auvernois chez qui il devait travailler.

Le père Auvernois était un vieux bonhomme, haut de trois pieds, marié pour la seconde fois à une jeune femme, passant sa vie à faire des saints d'Eglise, des ornements et à redorer de vieux cadres.

C'était un homme qui, sous une enveloppe grossière, était rempli de cœur, s'enthousiasmait facilement, se fâchaît de même, entêté comme un vieux romain ; vous allez en juger. Un jour, étant à une noce, après dîner, comme chacun s'exerçait à faire des tours de force, il dit à un convive : « Je vais me coucher par terre, et je parie que personne ne peut me soulever par les oreilles. » Il ne fait ni un ni deux ; il se couche : « Allons, qui veut essayer? » Un grand gaillard s'avance, le prend par les oreilles et tire. Perraud, qui, était là, pousse un cri, les oreilles venaient, mais sans le père Auvernois. On le pansa, on essuya le sang. Puis, revenant le soir : « *Tout de même*, disait-il à Perraud, *ils n'ont pu me soulever*.

Joseph fut bientôt l'enfant de la famille : le père Auvernois ne parlait plus que par *Jouset*.

Tout le temps que resta Perraud dans ce vieux et sombre couvent de la Visitation, atelier du père Auvernois, il travailla fort, car il fallait que tout le monde fît bouillir la marmite. On n'était pas riche ; on arrivait à gagner bien juste de quoi vivre modestement.

En fait de connaissances, Perraud ne voyait guère que le père Carteron, qui appelait souvent *Jouset* pour manger des gaudes, mets qu'il soignait d'une façon particulière. C'était un vieux type franc-comtois, tenace dans ses idées et ses volontés ; pour preuve, il apprit tout seul le latin dans un dictionnaire. Intelligence remplie de goût, écrivant des lettres charmantes, au dire de M. Magnin qui le connaissait et correspondait avec lui ; il était d'une adresse rare ; il était horloger, mécanicien, luthier, tourneur et fabricant de pieds de roi.

Quelquefois, cette vie laborieuse chez le père Auvernois était troublée par des discussions avec son élève. Ils étaient aussi entêtés l'un que l'autre. Le père Auvernois, en vrai franc-comtois, ne voyait rien au-dessus de son village qui lui représentait la plus belle ville du monde. Il n'eût pas fallu le mettre en comparaison avec Monay, car il avait lui aussi, Perraud, l'amour du sol natal ; on s'échauffait, on criait, on se boudait et le lendemain on n'en parlait plus. Pourtant, un jour, l'orage éclata plus fort que d'habitude, et le vieux sculpteur mit à la porte son élève qui se trouva sur le pavé sans un sou vaillant Le père Carteron en vieil ami, lui donna dix sous pour faire le voyage et Perraud partit à pied pour Pontarlier : c'était en 1839. Grande fut la douleur du père Auvernois, quand la colère fut passée, de n'avoir plus son *Jouset*, qui, malgré l'aventure, lui a toujours gardé bon souvenir.

Je possède une relique, de cette époque-là : une vierge en bois, faite chez le sculpteur ; voici son histoire, que me conta un jour Perraud.

« Un jour, le père Auvernois, satisfait de « mon travail en tous points, me dit : « Voilà un travail de fini et pour vous ré- « compenser, vous allez faire une vierge, « *bougre* ! pareille à celle que vous avez ca- « chée dans les pavates et que j'ai cherchée « par toute la maison pendant plus de six « mois, *bougre* ! Vous la ferez plus grande « de trois pieds, venez chercher le *plot*. »

« Je commençai donc cette vierge; une fois « qu'elle fut ébauchée, les mains très- « avancées (pour moi, dans ce temps-là), il « vint de la besogne d'Arbois, un grand « ornement d'une porte, ou approchant, « je n'ai pas su à quoi cela pouvait servir. « Comme c'était de l'argent à recevoir pour « la maison, sitôt l'ouvrage fait, je quittai « la vierge qui était un travail pour dormir, « et je me mis à la besogne C'est, je crois, « lorsque la besogne de cet ornement fut « finie, et raffutant les gouges pour me re- « mettre à la vierge, qu'a éclaté l'orage « providentiel pour moi, qui m'a lancé où « il n'était que temps d'arriver pour m'ache- « miner où m'appelait ma destinée. »

Arrivé à Pontarlier, Perraud travailla quelque temps chez un ébéniste. En apprenant par son camarade Maillard qu'il trouverait de l'ouvrage à Lyon, il partit et parvint à y gagner assez bien sa vie, car il était devenu habile chez le père Auvernois.

Il fut admis au concours gratuit de l'Académie de Lyon et y obtint le premier prix. Parti de là pour Paris, il entra, non sans peine dans l'atelier de MM. Ramey et Dumont, travaillant en même temps pour un fabricant de saints de la rue Bonaparte ; ce qui lui permettait de ne pas mourir de faim.

Au bout de deux ans, ses succès à l'école des Beaux-Arts l'engagèrent à demander un secours au département du Jura. Pour la première fois le Conseil général lui vota la somme de 500 francs, élevée les années suivantes à 800. Il concourut pour le prix de Rome et échoua. M. Dumont lui dit alors : « Si vous êtes cordonnier, faites des souliers. » Ces paroles le piquèrent au vif. Il s'acharna, et l'année suivante (1847), il obtint à l'*unanimité* le grand prix de Rome pour son bas-relief de *Télémaque portant à Phalante les cendres de son frère Hippias.*

Horace Vernet lui dit en le félicitant : « C'est bien, mais nous attendons encore mieux de vous. » Le grand peintre avait deviné le génie de Perraud.

«— Vous voyez,me disait-il plus tard, ni « parents, ni nul autre individu ne m'ont « jamais tendu la perche ; du reste c'est « amusant de faire tout soi-même et de « n'avoir de suggestion de personne. »

Il séjourna à Rome, à la villa Médicis, cinq ans, et visita toute l'Italie. Il envoya la première année, à Paris, une copie du *Discobole*, laquelle se trouve à l'école des Beaux-Arts ; la seconde, son *Adam*, puis son bas-relief, *les Adieux*, qui ressemble à un Phidias.

De retour à Paris en 1855, il obtint pour son *Adam* une médaille à l'Exposition universelle ; au Salon de 1857, le plâtre de *la Galatée* lui valut la croix de chevalier de la Légion d'honneur et un rappel de médaille. Il exécuta vers la même époque aussi, deux statues de grands hommes pour la place du Carrousel.

Nous voici arrivés au moment où Perraud se pose en maître. Sa statue de l'*Enfance de Bacchus* (le Faune) parut au Salon de 1863 ; il n'y eut qu'un cri d'admiration; la médaille d'honneur lui fut décernée. Je ne parlerai pas de ce beau groupe que chacun a vu au musée du Luxembourg et que la réduction a rendu populaire

A la mort du brave général Cler, Perraud proposa à la ville de Salins d'exécuter gratis sa statue. (*C'est la seule demande que j'aie jamais faite*, me disait-il.) On connait cette œuvre, inaugurée à Salins en 1865. Il est regrettable qu'on n'ait pas voulu suivre les avis du statuaire pour l'installation, on aurait eu un piédestal moins ridicule que l'actuel; mais que voulez-vous ? Il y a toujours en province des habiles qui savent tout faire.

Dans le même temps, il exécuta aussi une statue pour le Chili. Vous trouverez sans doute que cette commande venait de loin, et que Poligny aurait eu moins de chemin à faire pour lui confier la statue du général Travot. Vieil adage, toujours neuf, on n'est pas prophète dans son pays. Perraud fut vivement peiné qu'on eût donné la préférence à un autre artiste. « *Moi*, disait-il, *qui suis presque de Poligny ! Quand les gens de Monay viendront au marché, ils liront un nom inconnu sur le piédestal de la statue, et ils se diront : Pourtant nous avions Perraud.* »

Une place se trouvait vacante à l'Institut, Perraud fut présenté ; sur plusieurs concurrents, il obtint le second rang; quelque temps après, la mort de Nanteuil laissa une autre place vacante qui lui fut donnée en 1865.

En 1867, dans cette grande lutte industrielle et artistique de toutes les nations, le *Faune* soutint l'honneur de la sculpture française contre toutes les œuvres étrangères. Le jury international décerna à *l'unanimité*, à son auteur, une grande médaille d'honneur. En même temps Perraud fut nommé officier de la Légion d'honneur, et chargé d'exécuter au Palais-de-justice deux *cariatides* et la statue de la *Justice*.

Pendant l'année 1868, il travailla à finir son groupe colossal de l'Opéra, — le Drame lyrique — et il commença la terre d'un groupe pour le jardin du Luxembourg. Il exposa, cette année, le bronze de son *Faune* et un superbe buste en bronze du musicien *Berlioz*. Puis il termina deux statues de guerriers pour la place du Carrousel.

Perraud m'écrivait sur la fin de 1868 :

« Je me suis mis à retaper sur mon « marbre (*Orphée*), dans l'intention d'en « finir une bonne fois et d'en débarrasser l'a- « telier. Ça m'amuse, parce que je m'a- « perçois que je le réchauffe et qu'il prend « de la souplesse......

« J'ai l'intention de le terminer pour « l'année prochaine. Je viens de mettre « quelqu'un pour les cheveux qui m'en- « nuieraient à faire, après je mettrai « un autre homme pour faire les dessous « et certaines autres choses. Il faut que

« je termine et mette à exécution mes « projets qui traînent partout dans la « poussière. Je mettrai enfin au net mon « bagage, ma santé aidant. *J'ai encore « une quinzaine d'années à travailler*, « il faut savoir les employer. »

L'année 1869 devait être pour lui un triomphe. Le marbre d'*Orphée* parut au Salon. Le succès en fut immense. Aussi la grande médaille lui fut donnée pour la seconde fois. Il y avait longtemps qu'un pareil morceau de sculpture n'avait été vu.

Orphée est assis au bord de la mer dont les flots viennent mourir à ses pieds, la tête penchée, les mains croisées, pensant à sa chère Eurydice perdue pour toujours; c'est la douleur, non pas larmoyante, grimaçante, — c'est le désespoir de l'âme. Dans cette œuvre, Perraud avait donné tout son génie. Que pouvait-on encore lui demander ?

A cette même exposition, il avait aussi une *Ste-Geneviève* qui ne fut pas assez remarquée Voici ce qu'il m'écrivait à ce sujet

« Mon bonhomme et ma sainte sont à « l'exposition ; on s'occupe de mon bon- « homme qui n'est cependant pas facile à « voir ; il est dans l'ombre. *Je n'ai jamais « reçu d'aussi beaux compliments*. »

Il n'en était pas plus fier malgré sa nouvelle récompense. Jugez :

« .... Je vous ai dit ce que je pensais « de cet honneur, je m'en trouve un peu « gêné, parce que je ne devrais plus être » d'aucun concours ; cependant mes con-

« frères n'ont pas trop à m'en vouloir, car « je n'étais pas du jury, pour cette ré- « compense exceptionnelle. »

Un de nos riches financiers offrit à Perraud 14,000 francs de son *Orphée*, il préféra le vendre au Gouvernement pour la somme de 12,000 francs.

Cette œuvre qui lui avait donné tant de peine, tant de soucis, coûté tant de dépenses matérielles, lui rapporta net *douze cents francs !*

Pour le prix de cent mille francs donné en 1869 par l'empereur, le jury porta Perraud pour un des concurrents. Ce fut l'architecte Leduc qui l'obtint.

En 1870, on ne le vit pas paraître au Salon. Ne croyez pas qu'il se reposait, il finissait son groupe du Luxembourg qui fut moulé au mois de juin. En juillet, il partit accompagné de sa charmante femme pour lui montrer le Jura, son pays natal. Il resta quelques temps à Monay chez ses parents, puis vint à Salins.

Il m'écrivait à ce moment :

« ......Que de changements à Salins, « seulement depuis le commencement de « ses bains ! Que de monde déjà radicale- « ment guéri, mis en réserve pour grossir « un jour les mondes de la voie lactée ! « Tout passe; même *Poupet* et *Corne à* « *bœuf* passeront avec le temps. J'ai vu de « Monay la fumée de l'incendie de Salins; « on trouvait, dans le territoire des frag- « ments de papiers brûlés que la force de « l'incendie faisait monter dans l'air et que

« le vent poussait à l'aventure. J'ai vu en-
« suite la garde nationale de 1830, dont les
« plumets des grenadiers rasaient les re-
« verbères, les artilleurs traînant, à la
« bricole, une pièce de 4 de la Barbarine
« à Saint-Anatoile; c'étaient des proces-
« sions, des pélerinages d'une autre sorte.
« ....Je trouvais cela superbe.
« On racontait des histoires que j'écoutais
« l'oreille tendue, les yeux écarquillés (et
« ils l'étaient pour vrai), et je croyais que
« tout cela était arrivé. Mais rentré dans
« le cloître, sous l'atmosphère du père
« Auvernois, qui chantait les vêpres, je me
« consolais de mes ennuis par sa pro-
« messe de me faire faire une vierge de
« telle dimension, avec tel *plot* de tilleul,
« qui était en réserve. Toutes les joies sont
« égales à la situation où l'on se trouve.
« J'en étais aussi transporté et même da-
« vantage que des plus belles récompenses
« qu'on puisse recevoir. Lorsque, le jour
« venu, il s'agissait d'aller chercher ce
« *plot*, de le mettre sur le banc, je tour-
« nais autour comme un cavalier autour
« d'un beau cheval, et comme les enfants
« pauvres auxquels on donne une merin-
« gue; je n'osais pas y toucher, de crainte
« d'avoir trop tôt fini Mais si d'aventure
« il passait à Salins quelques malheureuses
« cigales, avec une harpe, guitare, violon,
« chantant une chanson romantique sur la
« place du Gouvernement, comme j'ai en-
« tendu : *Terre chérie de l'Italie!* ou
« mieux encore : *Belle Florence! j'ac-*

« *cours vers toi....* je rentrais transporté « dans ce cabinet infect, sans air, inondé « d'amour, de poésie, qui m'enivrait pen- « dant six mois de toutes les illusions « imaginables; mon imagination s'enflam- « mait sur la personne qui m'était le plus « en vue, et mon imagination lui prêtai, « toutes les grâces, tous les charmes les « plus adorables, sans m'en rendre compte. « Le dimanche, sous le porche de l'église, « mon idéal du moment venait-elle à pas- « ser, pour prendre l'eau bénite, je ne re- « trouvais que ce que Psyché vit quand « elle voulut allumer la lampe pour consi- « dérer l'Amour qu'elle croyait avoir à ses « côtés. Ce pauvre Salins que j'aime tant, « où mes premières aspirations ont pris « un si grand développement, nous en « parlons souvent avec Esther ; nous nous « rappelons quand nous passions devant « l'hôpital, où l'on voyait ces sales détritus « traîner dans la rivière, les tripes accro- « chées et flottantes au fil de l'eau ; ces « montées, ces recoins biscornus de Saint- « Nicolas, l'Angone nauséabonde, ce pont, « ces marchands de tripes, foies, ven- « trailles, têtes de moutons, gras-double, « et par dessus tout ma payse, la femme « du vieux boucher Gaspard P...., qui « me disait : « Ah ! mon Dieu ! ce que c'est « de nous, comme tu es devenu vieux ! » « Nous avions hâte de repasser sous cette « voûte de l'Hôtel-de-ville pour sortir de « cet infâme *ghetto*, où l'on parquait les « juifs au moyen âge. »

Ce fut à Salins qu'il apprit la catastrophe de Sedan. Ne pouvant rentrer à Paris, il retourna à Monay où il passa l'hiver, attristé par nos malheurs et par la présence des Prussiens qui occupaient le pays. Voici comme il raconte le printemps qu'il passa à Monay :

« Le pays en lui-même n'est pas désa-
« gréable ; en plus des horizons au moins
« aussi étendus que ceux que l'on peut
« avoir des sommets du *Poupet* et dont
« la vue coûte à peine la fatigue que l'on
« a à monter chez vous, au levant, au
« nord, au couchant, il y a des bois en
« taillis de hautes futaies, à dix minutes
« à peine du village, d'un abord commode
« et varié. Pendant ces bises, nous y pas-
« sions presque continuellement nos après-
« midi ; nous nous amusions à herboriser
« à l'abri du vent, ou du moins Esther se
« faisait de grosses gerbes de bouquets.
« Il y avait longtemps que je n'avais vu le
« printemps dans nos pays, et je n'avais
« jamais pu le voir de cette façon. Dans ces
« courses à travers les bois qui se prolon-
« geaient quelquefois assez loin, j'allais à
« l'aventure sans rien dire. Esther venait
« après moi comme le petit chien suit son
« maître Je m'amusais à ce qu'elle ne sût
« jamais une seconde d'avance où elle
« allait..... »

Après la Commune, il revint à Paris où il ne croyait plus trouver son atelier, car on s'était battu fort de ce côté-là. Par un heureux hasard son atelier était ntact mais son logement était criblé de balles. Il se réinstalla comme il put, se mit au travail et acheva son marbre de la *Galatée* qui parut au salon de 1873.

Voici ce qu'il m'écrivait à ce propos :

« J'ai à peu près fini ma *Galatée* ; « j'ai prévenu le voiturier de la prendre « dès la première heure, s'il le voulait. « J'ai travaillé jusqu'à la fin avec courage, « consciencieusement et bien résigné.

« Je vous ai déjà parlé du silence qui « s'est fait autour de cette œuvre; ça a « continué depuis à exciter aussi peu la « curiosité par l'absence de la rumeur « publique. Le sujet n'est pas empoignant « peut-être, mais pourtant le mouvement « est gracieusement développé et malgré « tout, il y a un résultat de finesse, de dé- « licatesse, de distinction qu'on n'a pas « l'habitude de voir dans la sculpture mo- « derne. »

Il envoya aussi au Salon le buste de son ancien maître — M. Dumont, de l'Institut — et de son ami Dantès, notre savant compatriote.

En 1873, il alla passer quelque temps à Fontainebleau pour se reposer. Il m'écrivait de là :

« Je ne me rappelle pas si vous connais- « sez Fontainebleau ; c'est plus beau, plus « intéressant, plus varié, plus vaste que « Versailles ; je parle seulement du palais. « Cette renaissance italienne, taillée dans « de vastes proportions, l'emporte sur « nous par son aspect grandiose qui, à mon

« sens a toujours fait défaut dans l'archi-
« tecture en France Quel galbe puissant
« et gracieux dans les données diverses de
« décoration! Que d'or, que de peinture,
« dont les restes étonnent ceux qui savent
« encore les retrouver sous tant d'ineptes
« restaurations! Seulement, à l'inverse de
« Michel-Ange, plus architecte, plus sculp-
« teur que peintre, puisqu'il a traité sa
« peinture d'une façon, pourrait-on dire,
« sculpturale, le *Primatrice* a composé sa
« sculpture en peintre, et comme la sculp-
« ture n'a pas, comme la peinture, les bé-
« néfices de la perspective aérienne, il y
« en a trois fois de trop, et de plus, elle
« est aussi mauvaise qu'on puisse se l'ima-
« giner: elle est atroce. Je ne vous ferai
« pas la description de cette magnifique et
« véritablement royale demeure qui ren-
« ferme tant de souvenirs qui font partie
« de notre histoire, les uns glorieux, les
« autres attristants et pénibles, et quel-
« ques-uns puérilement ridicules. J'ai vu
« les principaux sites de la forêt dont cer-
« taines parties sont exemptées de la ri-
« gueur de l'exploitation et classées comme
« monuments publics historiques, au
« même titre que les cathédrales ou tout
« autre monument. Une espèce de chêne
« particulier, avec tige sans branches,
« haute comme les gros sapins de chez
« nous, est admirable. J'ai été à Barbison,
« à cette auberge illustrée par les pein-
« tres, mais dont le mérite est bien loin
« d'être à la hauteur des récits que l'on

« en a faits dans les journaux. Du reste, « l'aubergiste s'est avisé, de bonne heure, « de disposer des panneaux de bois bien « en vue qui invitent d'eux-mêmes aux « barbouillages des fantaisistes; lorsqu'il « y en a de réussis, il les vend aux tou- « ristes, il ne reste guère que des choses « plus qu'insignifiantes. Nous nous som- « mes encore trouvés, par hasard, sans le « chercher, au milieu d'une chasse à « courre;nous avons vu passer et repasser « deux ou trois fois le cerf, qui est venu « finalement se noyer dans une grande « pièce d'eau, autour de laquelle Louis- « Philippe se promenait en calèche quand « Lecomte lui a tiré de par dessus un mur « un coup de fusil qui l'a manqué..»

En 1875, après avoir travaillé, *comme Samson tournant la meule*, à son groupe colossal — *Le Jour* — il l'envoya au Salon avec cette légende :

« UN DES COMPAGNONS D'HERCULE SE DÉSALTÈRE A LA SOURCE APRÈS DE RUDES TRAVAUX ET DES COMBATS HÉROÏQUES CONTRE LES BRIGANDS ET LES MONSTRES QUI ÉPOUVANTAIENT LA TERRE. »

On n'avait jamais vu, depuis Puget, un pareil morceau de sculpture. Les uns en furent stupéfaits; les autres (*les Salonniers*), qui n'y comprenaient rien, lui tombèrent dessus à bras racourcis.

Voici ce qu'il m'écrivait quand il travaillait à cette œuvre :

«... J'ai enfin fini par voir arriver le « marbre de mon groupe (*Le Jour*), d'un « volume énorme, 13,000 kil. Il a coûté, de

« Carrare à mon atelier, près de 3.000 fr. « de transport. Il est en ce moment sous « les chassis, en œuvre ébauchée dans la « carrière d'après un saumon réduit au « quart ; nous avons eu de la peine à le « faire entrer dans l'atelier.

« Les gens de mon entourage viennent « à chaque instant me demander la per- « mission d'entrer dans l'atelier où il est, « pour le faire voir à leurs amis. Le *Bu-* « *veur*, avec sa nature ronflante, leur est « mieux compréhensible La jeunesse est « plutôt saisie par la puissance, par la « force des choses ou des phrases à effet, « que par ce qui est simple et distingué...

« Dans le but de faire œuvre, depuis « six semaines, je ne quitte plus l'ate- « lier où est le marbre du groupe que je « travaille avec rage; aussi sera-t-il facile- « ment terminé dans la première quinzaine « de mars. Comme toujours, je me suis « intéressé avec passion dans les commen- « cements. J'allais jusqu'à me figurer, dans « mon for intérieur, que je décrocherais « la timbale, et selon ma conscience, je « sens le vide, le néant autour de moi. « C'est encore une affaire colossale à moitié « ratée, et d'autant plus, que pour cette « fois, je n'ai plus d'espérance de retrouver « l'occasion belle. Quand cela n'est pas « venu, on a beau s'émoustiller, se réveiller « en sursaut, la nuit, en croyant avoir « trouvé sa ratelée, se donner de la tête « contre les murs, taper sur la tête du « turc, à grands coups de poing, c'est

« toujours le même numéro qu'on ramène, « même un peu moins. Par Dieu ! ce n'est « pas mauvais ! on m'assure sérieusement « qu'il (le groupe) ne sera pas plus mal « que les autres et qu'il sera même mieux. « Mordienne ! si c'était là le but que j'ai « fini par atteindre, c'était bien la peine « de tant entreprendre de souci !

5 novembre 1874. — « J'ai fait changer « ces deux *emplâtres* qui travaillaient à « mon grand groupe en marbre. J'ai un « homme dévoué, courageux et qui y met « toute la bonne volonté dont il est ca- « pable. Nous avons modifié pas mal de « choses ; mais, comme de juste, il a fallu y « mettre la main, je reprenais avec la pointe « des parties terminées et je faisais un « ravage épouvantable. Jamais écrouelles « n'ont labouré à ce point autant de chairs « humaines. Dix fois par jour, j'entre à « l'atelier, j'en arrive à le faire faire comme « si c'était moi-même. Le dos de la femme « ne ressemble plus en rien à ce qu'il « était.

« J'arriverai pour le Salon.

« Vous voyez par tout ce qui précède « que ma présence continuelle à mon « atelier n'a pas été inutile. Ce grand « groupe, pour lequel je fais de si grands « sacrifices, me fait perdre la tête. La nuit, « j'ai des insomnies pénibles, où il me « semble tout en jambes, sans torses, ni « l'homme ni la femme ; la femme trop « renversée, l'homme gauche comme un « cerf-volant (je parle ici du coléoptère) ;

« puis le jour venu, je me retranquillise, « et, en arrivant, je vais vérifier ce qui « me tourmente la nuit, et, selon ma « bonne ou mauvaise disposition, je me « rassure et je cherche à prendre mon « parti d'une chose à laquelle je ne peux « plus remédier.

« Que de mal, que de tourment, pour « accoucher d'une souris !

« Si parfois je me trouve en avance d'un « quart d'heure pour l'Institut, je passe « machinalement sur le pont des Arts et « regarde un bateau mouche qui descend « ou qui monte, et sans y penser je me « trouve devant le *Milon* et je me demande : « Qu'y a-t il donc là dedans, pour toujours « rester le maître? le bourreau des crânes? « N'y a-t-il pas un prestige de préjugé ? « Que sais-je ?

« Mon bonhomme est aussi grand de « taille, mais.... croyez-vous, quand on « a de pareilles toquades en tête, qu'on a « besoin d'être à la campagne ? Mais, mon « cher, les joueurs enragés, quand ils sont « à la campagne. c'est pour passer les « nuits à jouer ; ne pouvant jouer autre « part que dans mon atelier, sitôt que j'en « sors, je ne suis plus qu'un pleutre.

« Dieu sait pourtant que mes idées sont « bien plus en branle, comme disait Mon- « taigne, que mon corps. C'est bien ce « qui fait mon inertie, de voir, à chaque « heure différente, tantôt gros, tantôt « maigre, tantôt long, tantôt large, sans « savoir m'arrêter au bon endroit. Mon

« jeune ami, je vieillis, je tourne au père « Carteron. Il me semble, quand j'écris « n'importe quoi, voir s'étaler des rabâ- « chages qui traînent par terre depuis le « commencement du monde. En effet, il « n'y a plus rien de nouveau qu'une trans- « formation pour les vieux ; c'est toujours « la même chose ; une fois le tour du « cercle fini, recommencé et revenu en « arrière, il n'y a de différence que d'une « crinoline à un jupon de camelot de nos « grand'mères ; mais le mannequin est « toujours le même : amour, haine, pré- « somption, passion, avarice, ambition et « tout ce qui s'en suit, recommence tou- « jours dans tous les climats la même « chose ; voilà ce que l'on commence à « comprendre et à regarder philosophi- « quement, à mesure que l'on perd ses « mollets et ses cheveux. »

On envoya à l'Exposition de Vienne son *Faune* et son *Orphée* qui y furent récompensés :

« Je suis vraiment reconnaissant pour « la part que vous avez prise à mon soi- « disant succès de l'Exposition de Vienne. « Jamais, au grand jamais, ne vit-on pa- « reille mystification. C'est encore une de « ces bonnes roueries d'allemands sous « une apparence de simple bonhommie ; « tandis que nous avons, nous, la naïveté « de les bourrer de médailles d'or et d'ar- « gent graduées, ils ont trouvé plus simple « de frapper une seule et unique médaille « de bronze de deux ou trois sous, ce qui

« explique alors leur inépuisable prodiga-
« lité dont le nombre paraissait incommen-
« surable. Ah ! les farceurs ! Cette fameuse
« distinction dont nous sommes uniformé-
« ment revêtus est tout au plus comparable
« à la médaille de Sainte-Hélène. Que des in-
« venteurs de poudre à punaises, de boîtes
« à musique, souricières, coffres-forts,
« cloches à plongeurs, etc., etc., etc...,
« aillent grossir ces sortes de bazars,
« mais que des artistes aient la sottise
« d'aller dans de pareilles galères ! mais
« tant pis pour *eusses*, ils n'ont pas volé
« ce qui leur arrive. Il est vrai de dire
« que, pour mon compte, on m'y a envoyé
« sans me demander mon avis et que cela
« a dû arriver à bien d'autres aussi. »

Voici ce qu'il m'écrivait encore en 1875 :

« Nos santés sont toujours les mêmes,
« Esther avec ses névralgies et ses mi-
« graines et moi avec mon rhume à l'état
« chronique ; en ce moment pourtant, il
« me semble en être moins incommodé
« que d'habitude. J'ai toujours la même
« circonférence que vous avez vue l'année
« dernière et une assez bonne mine. Dans
« le fait, j'ai plutôt gagné que perdu depuis
« une période de dix ans. Ainsi que je
« crois vous l'avoir dit déjà, dans mes
« lettres de cet hiver, l'esprit, le moral
« sont à l'unisson de ma situation phy-
« sique, ma nacelle commence à naviguer
« dans des havres sûrs et tranquilles, à
« l'abri du gros temps, grâce aux limites
« restreintes où j'ai borné le reste de mes
« ambitions. »

Pauvre Perraud, il croyait avoir trouvé le port pour finir sa vie ! Je venais de passer un mois avec lui, je rentrais chez moi quand, deux jours après, je recevais la lettre suivante :

4 juin 1875, 11 heures. — « .... Esther « se meurt, elle sera probablement morte « au moment où vous recevrez cette lettre. « L'enflure descend sur la poitrine; arrivée « à ce moment, ce sera la fin. Me voilà « bien !.....

« .... Je continue où je me suis arrêté « dans ma lettre. — Je l'ai aussitôt fait ad- « ministrer, — l'extrême-onction, — j'ai « prié le curé de venir de suite la com- « munier; elle en a manifesté une joie « indicible; cependant il était temps, le « délire l'a prise et elle se levait sur ses « genoux sur son lit. Un état de prostra- « tion ne tarda pas à s'en emparer, elle est « tombée sur un oreiller, la tête un peu « contre le mur, où elle est encore ; elle « a dormi avec un certain empresse- « ment, et de 11 heures du soir où « j'ai repris ma faction solitaire, à deux « heures, les avant-coureurs du râle se sont « fait sentir; je tenais sa main en fièvre « dans la mienne ; elle ne voyait plus clair « d'aucun œil depuis trois jours et depuis « bientôt douze heures, elle n'avait plus « sa connaissance ; à cinq heures, un râle « affreux lui a duré trois heures et quart, « au bout duquel elle a exhalé sa douce « et angélique âme. Au dernier soupir « elle a rendu des flots et des caillots de

« sang noir, et l'éternité commençait pour « elle. C'est le spectacle le plus affreux, « la chose la plus inouïe, la plus extraor- « dinaire qui se soit jamais pressentie. J'ai « envoyé chez Dantès, c'était une première « nouvelle pour lui et pour bien d'autres. « Les funérailles se feront demain ven- « dredi à dix heures. Vous comprendrez « cette fois, moi je ne compte plus.... « C'est moi qui l'ai veillée vivante de 11 « heures du soir au matin et personne « n'y touchera avant qu'on la mette dans « la bière..... »

Cette mort fut un coup de massue pour le grand artiste. Après tant d'années de bonheur, il se vit seul, n'ayant plus auprès de lui cette charmante femme, si dévouée, si aimante ; l'épouvante le prit et sa statue du DÉSESPOIR lui devint une réalité. Il sentit que sa fin approchait, on peut en juger par ce qu'il m'écrivait alors :

« Vous voyez, mon ami, que je suis « assez mal hypothéqué, ma joie a été de « si courte durée dans le temps que la « Providence m'a accordé de vivre ; si je « suis arrivé au terme de ma carrière, je « suis prêt et résigné, puisque je n'ai plus « rien pour me faire aimer et pour m'atta- « cher à la vie.... Je crois toujours qu'elle « va entrer, en voyant ses gants qu'elle a « posés, en rentrant, sur les livres de cette « petite bibliothèque, le jour du jardin « d'acclimatation..... Quand je pense à tous « ces jours qui ont précédé cet événement « qui était si près et que je ne soupçon-

« nais pas, jamais je ne parviendrai à « m'en bien convaincre, à m'y résigner. « Cette chambre toujours fermée où je « n'entre que par nécessité, me navre..... « Ah! mon ami, la vie est entièrement « dénuée d'intérêt et de charme pour moi. « Je suis comme la feuille d'arbre en la sai- « son où les fruits sont tombés. Je n'abrite « plus rien ; je demeure, en attendant que « le vent d'automne m'emporte. Je viens « de faire faire un caveau pour elle et pour « moi, elle ne m'attendra pas longtemps. »

Il travailla encore à un *St-Denis* pour le Panthéon ; voici ce qu'il m'en disait :

« J'ai fait et refait l'esquisse de mon *St-* « *Denis*. Il est trouvé à peu près, comme « je le désirais. Il me semble assez bien ; « il n'y a plus qu'à le terminer dans la « donnée qu'il est Seulement, il ne m'en- « traîne pas. Mais j'ai pris un parti pour « le tirer de cette banalité de bénisseurs, « de lui faire faire un grand geste, des « deux bras. »

Il acheva ensuite une *Vénus fouettant l'Amour*, charmante composition de sa jeunesse :

« Je travaille à ma *Vénus* et à son *saligot* « de fils, un peu mollement. Cependant « elle avance tout de même et, bien sûr, « j'en verrai la fin dans la première se- « maine de mai. Après diverses tentatives « dans un sens ou dans un autre, je n'ai « rien trouvé de mieux que de rentrer « dans mon esquisse que je vous ai mon- « trée, au moins dans la donnée générale,

« car la disposition de draperie qui enve-
« loppe les jambes diffère sensiblement
« pour le besoin de la solidité du marbre.
« Maintenant je ne sais plus à quoi m'en
« tenir sur mon travail, si je dois m'en
« féliciter ou me résigner tristement de
« n'en pouvoir faire davantage. Ceux qui
« s'imaginent avoir quelque intérêt dans
« ce petit commerce de relations, me flat-
« tent et me complimentent. Les autres
« ne me disent ni bien ni mal, comme
« s'ils étaient dans la boutique d'un bour-
« relier. »

Espérons qu'on fera exécuter en marbre cette belle œuvre.

Perraud commença vers cette époque le marbre de son bas-relief, *les Adieux*. Ecoutez ce qu'il en dit :

« — Charles Blanc m'a fait ces temps
« derniers une surprise qui m'a causé un
« sensible plaisir : « Je voudrais, m'a-t-il
« dit, voir ce bas-relief fait en marbre : je
« vous donnerai le marbre pour l'exécuter »
« Vous devez penser si cela m'a fait plaisir,
« en songeant que j'allais sauver d'une des-
« truction prochaine, infaillible, une de
« mes œuvres principales, qui ne pouvait
« guère avoir d'autre sort que d'aller
« pourrir après moi contre un mur de
« jardin.

« Quand je verrai cette plaque de mar-
« bre dans mon atelier, bien qu'il n'y ait
« aucun avantage pécuniaire à espérer, je
« serai le plus heureux des hommes, je
« n'aurai jamais été si pleinement satis-

« fait, parce que je verrai en perspective « l'œuvre de ma vie prendre une certaine « physionomie. Viendront ensuite des pe- « tits projets de bien moindre importance, « qui peuvent offrir quelque intérêt et que « j'aurai plaisir à faire. Il y a de la besogne « toute tracée pour longtemps ; me voilà « vieux sans m'en être douté. »

Pauvre Perraud, il ne devait pas le voir achevé, ce beau bas-relief ! — J'apprends qu'un autre lui-même est chargé de le terminer, c'est nommer son ami, M. Thomas, de l'Institut.

Depuis 1864, Perraud faisait presque toujours partie du jury dans les expositions.

Il envoya au Salon de 1876, un beau buste en marbre de son ami Pasteur, notre grand savant franc-comtois, ainsi que le mien, tout fier que j'étais de figurer en si belle compagnie.

Perraud fut, toute sa vie en souffrance. Catarrhe, rhumatisme, diabète l'arrêtaient; plus l'âge avançait, plus ses maux s'aggravaient Voici une de ses dernières lettres, elle dépeint bien sa situation morale à ce moment. Elle est charmante de goût et de sentiment :

« Je suis bien sensible à tout ce que « vous me dites d'affectueux et à vos « bons souvenirs, que j'apprécie infiniment, parce que je vous aime bien et « qu'il n'y a vraiment que ce qui nous « vient de ceux que nous aimons qui nous « touche sérieusement. Telle est la place « que vous occupez dans mes pensées ; car,

« hélas ! indépendamment de l'intérêt que « vous nous inspiriez déjà, vous êtes lié « à un si gros événement de ma vie, que « vous vivrez au milieu de ce souvenir, « tant que mon cœur n'aura cessé de « battre; votre présence ici a été la lueur « de mes derniers beaux jours.

« Vous m'exhortez à la patience, à la « longueur du temps, pour me faire à ma « situation. Je suis aussi philosophe qu'on « peut le souhaiter, s'il ne s'agit que de « raisonner ; mais je suis de ma nature le « moins organisé pour l'être.

« Je n'ai jamais été qu'un enfant, en ce « qui me concerne particulièrement; quand « je dis un enfant, je pourrais dire une « petite fille, tant j'ai toujours été dévoré « d'un besoin de tendresse, soit d'en re- « cevoir ou d'en prodiguer, et j'en ai été « privé toute ma vie. Je me rappelle encore, « pendant que j'étais enfermé dans une de « ces cellules, le dimanche, et que j'en- « tendais les joyeux cris argentins des « jeunes personnes qui se rendaient en « famille faire un goûter dans quelque coin « ombreux de la campagne, combien ma « solitude m'était pénible, combien ces « petites choses qui n'étaient rien par « elles-mêmes, combien mon imagination « les embellissait et leur prêtait d'éclat ! « Les martinets qui tourbillonnaient autour « de moi dans ces cours noires et pro- « fondes, avec leurs cris stridents et tristes, « me pénétraient l'âme.

« J'ai vu ces scènes se renouveler à

« tout âge, sans y prendre part; je les « revois encore, ces familles, avec leurs « jeunes et charmantes personnes auxquel- « les les illusions de l'âge prêtent tant de « charme, se rendant aux gares, le dimanche, tout habillées en fête et la gaieté, « la joie de vingt ans dans le cœur. A me- « sure que le temps multiplie les jours, « les semaines et les mois de ma triste so- « litude, il creuse et en élargit le vide.

« Non, mourir quand on a passé le seuil « de la vieillesse, c'est une chose prévue, « on s'y attend ; mais se voir ravir un être « sur lequel on comptait pour vous sur- « vivre, sans causes apparentes, à l'âge où « l'on sait le mieux apprécier la vie, quand « on l'a traversée péniblement et qu'on « est arrivé au port pour goûter en paix « le souvenir de tant d'agitation, non, on « ne peut s'y faire, on ne peut croire ni « se résoudre à cette fatale réalité.

« J'ai la nostalgie de je ne sais quoi, ma « vie est indéterminée, sans but ; j'ouvre « les bras pour étreindre quelque chose et « je n'embrasse que le vide et je ne serre « rien. Je me mettrais volontiers à braire, « comme un *âne* attaché au piquet, pour « dire quelque chose ; je suffoque de ne « jamais rien dire.

« La femme de ménage qui est autour « de moi et qui y met toute la bonne vo- « lonté possible, bien qu'elle soit de la ville « de Chartres, si l'on oublie de penser à « qui on a à faire et qu'on ouvre la bouche, « elle semble vous y jeter de la saumure.

« On imaginerait difficilement ce que c'est « que la privation d exhaler le propre de sa « nature, de son essence, du trop plein « qui étouffe! Si mon sort est de traîner « le reste de mes jours aussi tristement, « ça ne sera pas par goût, ni de ma propre « volonté. car l'existence que je mène de- » puis vous est intolérable et le temps n'y « fera rien.

« Que voulez-vous que je fasse? Je ne « suis plus d'âge à courir les rues de Paris « les nuits d'hiver, pour me distraire, ni « d'aller faire des parties d'enfant chez les « amis qui ont de la famille. C'est bon une « fois par hasard. Rester seul au coin de « mon feu, dormir dans un fauteuil, ou « dormir dans son lit, c'est tout un, puis « se réveiller à onze heures et demie et pas- « ser le reste de la nuit blanche, sans en- « tendre respirer âme qui vive. et demain « encore et toujours jusqu'à la fin.......

« Merci de vos bontés, de la peine que « vous prenez pour moi ; votre vieux Per- « raud vous embrasse affectueusement....»

Au milieu de cet été, Perraud s'affaiblit au moral et au physique Dans les premiers jours de septembre, on s'aperçut qu'il s'exprimait difficilement, qu'il perdait la mémoire; il disait même *qu'il était dans un état qu'il ne pouvait s'expliquer*. Il continuait à travailler malgré cela, quand le 14 octobre, un samedi, il eut à l'Institut une attaque de paralysie de tout le côté droit. On dut le ramener chez lui.

Voici ce que m'en écrivait M. Pasteur, encore tout ému du triste événement :

« Perraud est perdu, perdu sans aucun « espoir. Je suis arrivé lundi soir, et mardi « je l'ai vu ; il m'a reconnu et il m'a dit un « ou deux mots bien nettement prononcés « et bien intelligents, mais un ou deux « seulement ; le mercredi, aggravation sen- « sible ; le jeudi, aggravation plus grande. « Le vendredi, il était levé, assis dans un « fauteuil entièrement paralysé d'un côté. « Depuis lors il a gardé le lit et les yeux « fermés ; il ne mange rien du tout. De- « puis vendredi de temps à autre, une « lueur d'intelligence apparaît encore dans « ses yeux, qu'il ouvre par moment pour « les refermer bientôt. On ne peut savoir « s'il a encore quelque connaissance ; je « crois qu'il en a eu cependant par inter- « valle.

« Le médecin a perdu tout espoir et « annonce un dénouement fatal d'ici à fort « peu de jours, deux ou trois. Il est en- « touré des soins les plus dévoués de ses « amis, de ses voisins, de Dantès surtout « qui ne le quitte pas. Thomas et Bou- « guereau l'assistent au moins deux fois « par jour, et la garde-malade est très- « convenable, forte assez même pour le « lever dans son lit.

« Espérons encore, mais hélas ! Voilà « l'aigle arrêté dans son vol ! »

Il s'éteignit jeudi 2 novembre, à 8 heures 1/2 du soir, à l'âge de 57 ans Son neveu, ses amis, et tout ce que Paris compte d'illustre dans les arts, les lettres, les sciences, l'accompagnèrent à sa dernière demeure. Trois discours furent prononcés : le premier, par son collègue M. Meissonnier ; le second par son ami M. Pasteur ; le troisième par son compatriote M. Prost, maire de la ville de Lons-le Saunier.

Il repose au cimetière de Montparnasse, près de sa chère Esther !

Le Drame, *Adam*, le *Faune*, *Orphée*, le *Jour*, *Ste-Geneviève*, *Galatée*, les bustes de *Galibert*, *Beranger*, *Beulé*, *Berlioz*, *Pasteur*, *Larousse*, *Dantès*, *Claudet*, et bien d'autres que j'oublie, prouvent combien il avait travaillé. Voilà une vie bien remplie. Demandez à ceux qui l'ont connu, comme homme, comme artiste, s'ils ne l'ont pas toujours trouvé à la hauteur de sa réputation, toujours modeste, sans cesse prêt à rendre service à ses compatriotes, à ses amis, du meilleur de son cœur. — C'était toujours le *Jouset* du père Auvernois.

Perraud travaillait lentement, refaisait plus de cent fois les *modèles* ; il s'acharnait au travail au point qu'il en avait le cauchemar la nuit. Son talent n'avait rien de prime-sautier; d'abord, en sculpture, il ne croyait pas au premier jet ; il voulait revoir ses compositions longtemps pour en bien juger ; il passait des heures entiéres assis dans la position d'un *pharaon*, à regarder son œuvre, à chercher quelque chose de mieux. Aussi trouve-t-on dans ses statues cette science qui leur fait un si grand mérite.

Perraud était de taille moyenne ; sur les

derniers temps, il avait grossi, il marchait difficilement. Sa tête était belle par le développement du front et par la limpidité du regard. Sa physionomie habituelle était la la tristesse, ce qui lui donnait un air *souffreteux*. En causant, il cherchait ses mots, hésitait, béguayait presque, puis cela partait tout d'un coup et il devenait un conteur charmant.

Il reste de lui un portrait, demi-nature, peint par *Leneveu*, quand il était à Rome, 1850 ;

Une lithographie par *Lafosse*, 1856, d'après une photographie ;

Un buste que j'ai fait de lui, un jour que j'avais pu le prendre, ce qu'il n'avait jamais voulu souffrir de personne. Il m'écrivait à ce propos : « Je suis très-sen-
« sible au succès de mon buste; mais je
« trouve qu'on lui fait beaucoup trop d hon-
« neur. »

Avait-il le pressentiment de sa mort prochaine? Son dernier ouvrage fut son buste qu'il voulut entreprendre. Comme on se copie assez difficilement, il y avait fait travailler tous ses amis. Il m'écrivait :

« Mon buste est moulé, il sera signé
« de Reylard, Cambos, Claudet, Gerard,
« Granet, Lefranc et de LUI, et sera ex-
« posé, sous le nom du Père Joseph, parce
« que Pasteur trouve que j'ai arrangé la
« vareuse comme le collet d'un *domini-*
« *cain. Il réjouit tous ceux qui le regar-*
« *dent.* Il est décidément pas mal réussi. »

Que ce pauvre Perraud aimait les souvenirs de son pays ! Il me disait : « Je me « délecte à lire la littérature locale franc-« comtoise que Buchon a eu l'amabilité « de m envoyer. J'en connaissais déjà une « grande partie, et il faut dire que cela a « une infinité de variantes selon les loca-« lités Il faut s'être trouvé en pays enne-« mi, comme je m'y suis trouvé dans la « triste affaire de Rome, pour se douter « jusqu'à quel point on peut idolâtrer son « pays; de même rien n'est plus doux que « d'entendre l'écho des bois et des monta-« gnes où l'on a été bercé. Marcou m'a ap-« porté des nouvelles de Buchon. Dieu! « que le *Matachin* m'a amusé. Sacré Jo-« sillon, comme il aurait dit. »

Perraud laisse une petite fortune bien au-dessous de ce qu'il aurait pu gagner ; il était artiste et non épicier. Jugez-en par ce qu'il dit dans une de ses lettres.

« Si j'avais été un ambitieux remuant, « j'aurais tiré un autre parti que celui que « j'ai tiré, du moins relativement à la for-« tune, avec les éléments que j'ai eus assez « tôt dans les mains. De ce côté, je peux « bien l'avouer, je me suis laissé dévorer « par les poux. Il n'y a pas seulement en « moi la crainte d'une honteuse timidité « insurmontable de me mettre en avant; « je sens et j'ai toujours senti que, mo-« destie à part, je n'ai aucun don pour « faire des affaires; avec les meilleures « marchandises, je serais le pire des com-« mis-voyageurs ; avec les meilleurs on-« guents, charlatan, je mourrais de faim.

« Quand j'y réfléchis, je ne sais comment « on a pu penser à moi pour le peu que je « suis et le peu que j'ai fait. Sitôt que « j'ai double affaire sur les bras, je me « réveille en sursaut la nuit et j'ai peur. « Je n'ai demandé qu'une chose dans ma « vie, c'est de faire la statue de Cler. »

Ses œuvres sont dans nos musées à Paris, sur nos monuments. En 1869, il en avait donné les modèles en plâtre à la ville de Salins. Par une négligence que je ne veux pas qualifier. ne trouvant pas de termes assez durs, Salins perdit à jamais cette belle collection. Deux ans après cette offre, sur la fin de 1871, Perraud voyant qu'on ne donnait pas de réponse à sa proposition, en fit don à la ville de Lons-le-Saunier, qui s'empressa de leur consacrer une salle spéciale de son musée, où l'on peut les admirer aujourd'hui Le gouvernement de son côté envoya à la ville de Lons-le-Saunier le marbre de la *Galatée* de notre grand artiste.

J'étais, il y a bientôt six mois, à Paris, rue Vavin, dans une petite chambre, au troisième. Après souper, à la lueur d'une lampe dont l'abat-jour représentait le *Colisée* au clair de lune et l'église *St-Pierre* de Rome, Perraud, ayant vidé son dernier verre de vin du Jura, se leva, ouvrit un tiroir, y prit une liasse de papiers, revint s'asseoir et me dit avec son charmant sourire: « Je vais vous lire quelques pages de mes mémoires; j'ai fait comme *Benvenuto*, je raconte ma jeunesse, mes premières luttes, mes relations avec les grands artistes de mon époque, mes jours de bonheur avec ma femme .. . »

Il commença.....

C'est d'après ce récit et sa correspondance, que je viens de vous faire son histoire.

Toute la vie de Perraud se résume en ces deux mots : travail et souffrance. Mon désespéré, c'est mon histoire, disait-il :

Ahi, null attro de pianto che mondo duro.

Si le Jura vient de perdre un grand homme, moi, je perds un maître et encore plus, un ami.

Maintenant que l'on connait la vie, et les ouvrages de Perraud, le lecteur sera peut être désireux de savoir ce qu'il pensait des princ paux artistes de son temps. On verra qu'il était moins sévère pour les autres que pour lui-même et que ses critiques sont d'un homme de goût. About, un de nos meilleurs critiques, ne dédaignait pas de s'inspirer des avis de Perraud, dans ses remarquables *Salons*.

Je prendrai donc quelques noms des plus connus parmi tous les autres, je commencerai par Carpeaux. Ecoutez ce qu'en dit Perraud :

« 1869. — Carpeaux a fait défaire nos « barraques de l'Opéra pour montrer son « groupe à la commission du prix de l'empe-

« reur. Fondait-il des espérances là-dessus?
« Peut-être. Ç'a été en tous cas un four.
« Jouffroy, Guillaume et moi sommes à
« peu près chose de même farine. Pour un
« rien, je donnerai ma démission et j'irai
« vivre de mes modiques revenus, caché
« dans un coin comme un capitaine en
« retraite. J'ai horreur de ce que je fais.
« Je n'ose me montrer sur cette place pour
« regarder ce travail qui me semble d'une
« froideur et d'un poncif convenu écœu-
« rant. La sarabande échevelée de Car-
« peaux fait tout pâlir ce qui l'entoure,
« sans profit pour elle-même, car c'est
« d'une ébriété, d'une intempérance presque
« obscène et d'un imperturbable aplomb
« qui me fait douter de ma façon d'être et
« d'avoir des sympathies pour çà Il me
« semble que je n'ai jamais été et que je
« ne serai jamais qu'un vieux ramolli, sans
« foi et sans croyance en rien. Je m'en-
« nuie, je n'ai plus de goût au travail, je
« m'occupe sans feu, sans espoir, ni illu-
« sion aucune. N'allez pas croire, je vous
« en prie, que ces impressions sont le pro-
« duit d'une déception. Non, réellement,
« avec la connaissance philosophique que
« j'ai des hommes et des choses, croyez
« bien que je ne me suis pas pris supers-
« titieusement à une espérance aussi illu-
« soire et jamais je n'ai rêvé que je me
« réveillerais riche un jour. Ce que j'ai
« peut suffire à mon bonheur. Mais, que
« voulez-vous? la nature est ainsi faite
« d'être appréhensive, d'avoir des harpies

« imaginaires qui empoisonnent tout ce « que je touche. La moindre petite créature « vivante que l'on sentirait vagir autour de « soi, vous guérirait de tous ces fantas- « tiques diables noirs avec tous ces mil- « lions d'enfers. J'oublie, en vous causant « comme à un camarade, que vous avez la « moitié de mon âge et que fort heureuse- « ment vous devez être peu expérimenté « sur cette question qui est une maladie « d'esprit solitaire. »

Passons à M. Paul Dubois, celui que le savant artiste aimait le mieux pour son talent si fin, si élégant.

« Il y a de bonnes choses au Salon de « sculpture cette année, entr'autres une « *Eve* en plâtre de Paul Dubois, qui tran- « che sur tout le reste; cela est, à mon avis, « très-remarquable et atteint un degré de « qualité sans précédent dans la sculpture « moderne. Vous voyez que je ne mar- « chande pas » (1873)

Ecoutez ce qu'il dit sur les peintures de l'Opéra par Baudry :

« Vous avez lu et relu tout ce que l'on « dit de Baudry, à propos de ses peintures « décoratives de l'Opéra exposées à l'E- « cole des Beaux-Arts. C'est une œuvre. « C'est plein de défauts d'ensemble, mais « c'est une palette originale, que difficile- « ment aucune autre n'aurait pu suppléer. « Peut-être en exagère-t-on un peu l'im- « portance, mais tout en critiquant les dé- « fauts, et loin de s'en fatiguer, l'on s'y at- « tache et intéresse. Voilà la véritable pierre

« de touche, pour maintenir la valeur de « la chose. » (1874.)

Sur son ami Becquet:

« Ce brave Becquet a un succès au Salon, « avec son jeune *Ismaël*, couché à la ren- « verse. Il a pour ainsi dire fait une mise « aux points avec des allumettes de son « modèle : c'est frais, fin et tout à fait « gentil..... »

Je termine par l'appréciation de Perraud sur notre compatriote Courbet (1868) :

« ..... Nous nous sommes amusés à flaner en regardant quelques toiles dressées contre les murs, de celles qui ne passent pas au jury ; j'en ai vu une de Courbet. C'est un gueux qui passe sur la route. Il y a une espèce de paysage : une louve, espèce de femme, la poitrine ouverte, donnant le sein à un nourrisson perdu dans les guenilles, est blottie derrière une poignée de paille et une vieille loque, le tout calfeutrant le buisson de la route. En entendant venir quelqu'un, un petit morveux, nus pieds, pantalon froncé à la ceinture, laisse passer un *torchepinceau* par la fente de derrière et tend la main au grand gueux qui lui donne une pièce de monnaie. Entre ce groupe et la femme accroupie, au regard féroce, est un sale chien de berger, aux poils hérissés, qui grogne après le vieux. Tout ce qui est humain est odieux. Ces humains ont l'air d'être en bois, en noyer blanc, que l'on aurait voulu brunir avec du brou de noix. L'attitude de tout ce monde est fantastique.

Seulement cette scène se passe dans une atmosphère, une lumière si extraordinaire, que les tableaux qui sont autour, sont opaques comme de la gomme laque. Quel sentiment de peinture a cet homme! mais quel parti en tire-t-il ? de quoi se composera son œuvre? de l'œuvre d'un beau début qui promet toujours et qui ne tiendra jamais plus.

« La semaine dernière, la pluie nous a surpris au café au moment de sortir, j'étais sur la porte du Luxembourg; Courbet s'est trouvé là, nous nous sommes donné une poignée de mains, nous avons parlé de vous et la conversation a tourné naturellement sur sa peinture et sur le fantôme à faire peur aux oiseaux comme vous avez si bien trouvé. Il m'a dit que Buchon lui avait écrit dans le temps, que je vous en avais parlé dans une de mes lettres, où je vous en ai fait des éloges. — C'est vrai, lui ai-je répondu. — Il n'a pas trop fait le dégoûté ; au lieu de me prendre pour un pharmacien, je crois, Dieu me pardonne, qu'il m'a dit que j'avais du talent et que je me connaissais en bonne chose. — N'allez vous pas bientôt aller pêcher des écrevisses dans la *Loue* ? — Oh ! non, pas encore, je vais renlever mon mendiant de l'exposition pour l'exposer chez M. X. ; mais je parie bien qu'il n'y restera pas un jour entier; il y aura tant de monde pour voir ça qu'on ne pourra plus passer sur le boulevard ; la police profitera de ça pour le faire enlever, sous prétexte que je gêne la circulation; je la connais bien, je sais bien où elle en veut venir...»

(1874) ..«Un soir que Courbet avait bien voulu daigner, par désœuvrement, causer un peu avec moi, il me disait : « Avec notre civilisation, nos coutumes, nos besoins, il n'y a plus rien à faire en sculpture ; nous n'avons plus rien qui se rapporte à son utilité. Ah ! Si ! Il y a peut-être encore à décorer des cheminées Pourquoi ne faites-vous pas des cheminées? faites-en donc. » Voilà pourquoi sans doute, il trouvait la Colonne inutile. »

Perraud ne pensait pas tout à fait de même du rôle de la sculpture; écoutez :

« La sculpture, comme l'architecture, a pour but de faire pénétrer dans le goût public et dans les nations civilisées, un grand instinct d'élégance dans la vie. Indépendamment des sensations qu'elles peuvent produire sur de puissantes et riches intelligences capables de les apprécier, le goût se prolonge d'une chose à une autre dans l'industrie, jusque dans le verre où vous buvez, dans la tasse à café, jusqu'à une paire de ciseaux; c'est avec cette commodité élégante que les peuples se font concurrence sur les grands marchés de l'univers, et c'est à ce titre que la France l'emporte sur les autres nations avec des matières premières inférieures aux autres mais d'un meilleur goût.. ..»

Salins, le 12 novembre 1876.

MAX CLAUDET.

www.ingramcontent.com/pod-product-compliance
Lightning Source LLC
LaVergne TN
LVHW020245230826
846091LV00006B/2258
9782019662868